内蒙古自治区地方标准

内蒙古高速公路监控风光互补供电系统设计、安装与验收规范

Design, installation and acceptance specification for wind-solar hybrid power supply system of monitoring project of Inner Mongolia expressway

DB15/T 845 ~ 847—2015

主编单位：内蒙古高等级公路建设开发有限责任公司
批准部门：内蒙古自治区质量技术监督局
实施日期：2015 年 07 月 01 日

人民交通出版社股份有限公司

图书在版编目（CIP）数据

内蒙古高速公路监控风光互补供电系统设计、安装与
验收规范：DB15/T 845～847—2015 / 内蒙古高等级公路
建设开发有限责任公司编著. —北京：人民交通出版社
股份有限公司，2017.4

ISBN 978-7-114-13789-1

Ⅰ.①内… Ⅱ.①内… Ⅲ.①高速公路—交通监控系
统—供电系统—设计规范—内蒙古 ②高速公路—交通监控
系统—供电系统—设备安装—规范—内蒙古 ③高速公路—
交通监控系统—供电系统—工程验收—规范—内蒙古
Ⅳ.①U491.1-65

中国版本图书馆 CIP 数据核字（2017）第 090496 号

标准类型：**内蒙古自治区地方标准**

标准名称：**内蒙古高速公路监控风光互补供电系统设计、安装与验收规范**

标准编号：**DB15/T 845～847—2015**

主编单位：**内蒙古高等级公路建设开发有限责任公司**

责任编辑：李　沛

出版发行：人民交通出版社股份有限公司

地　　址：（100011）北京市朝阳区安定门外外馆斜街 3 号

网　　址：http://www.ccpress.com.cn

销售电话：（010）59757973

总 经 销：人民交通出版社股份有限公司发行部

经　　销：各地新华书店

印　　刷：北京市密东印刷有限公司

开　　本：880×1230　1/16

印　　张：3

字　　数：100 千

版　　次：2017 年 4 月　第 1 版

印　　次：2017 年 4 月　第 1 次印刷

书　　号：ISBN 978-7-114-13789-1

定　　价：40.00 元

（有印刷、装订质量问题的图书，由本公司负责调换）

总　目　录

ICS 93.080.30

P 66

备案号：45707—2015

DB15

内 蒙 古 自 治 区 地 方 标 准

DB15/T 845—2015

内蒙古高速公路监控风光互补
供电系统设计规范

Design specification for wind-solar hybrid power supply system of monitoring
project of Inner Mongolia expressway

2015-04-01 发布

2015-07-01 实施

内蒙古自治区质量技术监督局 发布

目　次

前　言

本标准按照 GB/T 1.1—2009 给出的规则起草。

本标准由内蒙古自治区交通运输厅归口。

本标准主要起草单位：内蒙古高等级公路建设开发有限责任公司。

本标准参与起草单位：内蒙古交通设计研究院有限责任公司、广州九昭电子信息技术有限公司、内蒙古埃伊尔科工贸有限责任公司、北京瑞华赢科技发展有限公司。

本标准主要起草人：孙广利、辛强、王树林、关曙光、高延奎、高登云、闫旭亮、李美萍、郭子仪、韩巧丽、赵舞台、李宏军、卢艳伟、高俊林、宝勇、武皓杰、陈培秋。

内蒙古高速公路监控风光互补供电系统设计规范

1 范围

本标准规定了负载(混合)总功率70W及以下的风光互补供电系统的容量设计、基本技术指标、安装要求及塔架和地基设计等。

本标准适用于内蒙古地区高速公路监控风光互补供电系统。

2 规范性引用文件

下列文件对于本文件的应用是必不可少的。凡是注日期的引用文件,仅注日期的版本适用于本文件。凡是不注日期的引用文件,其最新版本(包括所有的修改单)适用于本文件。

GB/T 2297	太阳光伏能源系统术语
GB/T 2900.53	电工术语 风力发电机组 (IEC 60050－415:1999)
GB/T 9535	地面用晶体硅光伏组件 设计鉴定和定型
GB/T 10760.1	离网型风力发电机组用发电机 第1部分:技术条件
GB/T 10760.2	离网型风力发电机组用发电机 第2部分:试验方法
GB/T 17646	小型风力发电机组 设计要求
GB/T 19068.1	离网型风力发电机组 第1部分:技术条件
GB/T 19068.2	离网型风力发电机组 第2部分:试验方法
GB/T 19115.1	离网型户用风光互补发电系统 第1部分:技术条件
GB/T 20319	风力发电机组 验收规范
GB/T 22473	储能用铅酸蓄电池
GB/T 25382	离网型风光互补发电系统 运行验收规范
CECS 84	太阳光伏电源系统安装工程设计规范
CECS 85	太阳光伏电源系统安装工程施工及验收技术规范
JTG F80/2	公路工程质量检验评定标准 第二分册 机电工程
JTG D81	公路交通安全设施设计技术规范

3 术语和定义

下列术语和定义适用于本文件。为了便于使用,以下重复列出了GB/T 2297、GB/T 19115.1中的某些术语和定义。

3.1

太阳辐射能量的计量 solar radiation energy measurement

太阳辐射到单位面积上的辐射功率称为辐射度(也可称为光照强度),单位为瓦/平方米(W/m^2)。而在一段时间内,太阳辐射到单位面积上的辐射能量称为辐射量,单位为千瓦时/(平方米·年)[$kWh/(m^2·年)$]、千瓦时/(平方米·月)[$kWh/(m^2·月)$]或千瓦时/(平方米·日)[$kWh/(m^2·日)$],表示在一段时间里单位面积上接收的太阳辐射总量。

3.2

太阳高度角 **solar elevation angle**

太阳光线与观测点水平面的夹角,称为该观测点的太阳高度角。

[GB/T 2297,定义5.10]

3.3

太阳能光伏组件 **photovoltaic modules**

具有封装及内部联结的、能单独提供直流电输出的最小不可分割的太阳能光伏组件组合装置。

[GB/T 2297,定义4.1]

3.4

峰瓦 **watts peak**

太阳电池组件方阵在标准测试条件下的额定最大输出功率。

[GB/T 2297,定义4.59]

3.5

隔离二极管 **blocking diode**

与太阳电池组件或太阳电池板串联的二极管,用于防止反向电流。

[GB/T 2297,定义4.26]

3.6

旁路二极管 **bypass(shunt)diode**

与太阳电池、太阳电池组件或太阳电池板并联的二极管,当部分太阳电池、太阳电池组件或太阳电池板被遮挡或损坏时,方阵中的太阳电池可由旁路二极管形成通路,保证整个方阵还能正常工作。

[GB/T 2297,定义4.27]

3.7

太阳能光伏组件转换效率 **photovoltaic conversion efficiency**

受光照太阳电池的最大输出电功率与入射到该电池受光表面上的全部光功率之比。

3.8

风光互补供电系统 **wind-solar photovoltaic bridge generate electricity system**

由风力发电机组和太阳电池组件共同构成的能够将风的动能和太阳的光能转换为电能的混合发电系统。

[GB/T 19115.1,定义3.1]

3.9

浮充电 **floating charge**

把充电电路和储能元件的供电电路并联接到负载上,充电电路在向负载供电的同时,仍向储能元件充电,只有当充电电路断开时储能元件才向负载供电的一种充电运行方式。

4 系统容量设计

4.1 推荐使用区

依据GB/T 19115.1—2003中5.1,风光互补发电系统适用于年平均风速大于3.5m/s,且年度太阳能辐射总量不小于5 000 MJ/m² 的地区。

4.2 气象水文地质勘测

开展设计前,应对当地的气象水文地质资料等进行调查与勘测。内蒙古主要行政区域的太阳月平均日照时数、太阳能日辐射总量、风能月平均风速和月平均气温参见附录A,仅供参考。

4.3 容量确定

根据用电设备的使用要求,确定风光互补供电系统的容量。24h 负载消耗功 P_L（Wh）按式（1）计算。

$$P_L = \sum I \times V \times h \tag{1}$$

式中:I——工作电流,单位为安培（A）;

V——工作电压,单位为伏（V）;

h——日工作时间,单位为小时（h）。

4.4 容量计算

4.4.1 太阳光伏组件容量计算

4.4.1.1 进行太阳光伏组件容量的计算需要确定如下数据:

  a) 确定所有负载功率、额定工作电压及连续工作时间;

  b) 确定太阳光伏组件安装的地理位置:经度、纬度;

  c) 确定安装地点的气象资料:年（或月）太阳能辐射总量或年（或月）平均日照时数、年平均气温和极端气温;最长连续阴雨天数;最大风速及冰雹等特殊气候资料。

4.4.1.2 对太阳光伏组件的功率宜以太阳平均日照时数为依据,按式（2）进行计算。

$$W_P = \frac{P_L}{T} \times \eta \tag{2}$$

式中:W_P——太阳光伏组件功率,单位为瓦（W）;

P_L——负载消耗功,单位为瓦时（Wh）;

T——当地峰值日照时数,单位为小时（h）;

η——系统损耗系数。

系统损耗系数 η 主要有线路损耗、控制器接入损耗、充放电损失、太阳光伏组件玻璃表面灰尘遮蔽损失及安装倾斜角不能兼顾冬季和夏季等因素,一般在 1.6~2 范围内选取。考虑剩余电量给蓄电池充电,该系数要选取较大值。

4.4.1.3 太阳光伏组件的工作电流 I_P（A）按式（3）计算,供太阳光伏组件选择时参考。

$$I_P = \frac{P_D(1+Q)}{V \times T} \tag{3}$$

式中:Q——自给天数的富余系数,取 0.21~1.00;

P_D——负载的日平均消耗功 P_L 减去风力发电机日平均发电功,单位为瓦（W）;

T——当地峰值日照小时数,单位为小时（h）。

4.4.1.4 太阳光伏组件的工作电压 V_P（V）按式（4）计算并进行校核,根据 V_P,选择太阳光伏组件。

$$V_P = V_F + V_D + V_t \tag{4}$$

式中:V_F——蓄电池浮充电压,铅酸蓄电池单体浮充电压为 2.2V;

V_D——线路电压损耗,为负载电压的 3%;

V_t——组件温度补偿电压,单位为伏（V）,$V_t = \frac{2.1}{430}(t-25)V_F$。

4.4.2 风力发电机组容量选配原则

在风光互补供电系统中优先使用太阳光伏组件,根据当地自然条件合理选配风力发电机组容量。

4.4.3 蓄电池组容量计算

蓄电池组的输出电压必须与风力发电机组、太阳光伏组件的输出电压相匹配。蓄电池组容量按式（5）计算。

$$B_c = \frac{A \times P_L \times \eta_t \times N_1}{V \times C_c} \tag{5}$$

式中：B_c——蓄电池容量，单位为安时（Ah）；

$\quad A$——安全系数，取值范围为 1.1～1.4；

$\quad P_L$——负载消耗功，单位为瓦时（Wh）；

$\quad \eta_t$——温度系数，一般在 0℃以上取 1，-10℃～0℃取 1.1，-10℃以下取 1.2；

$\quad N_1$——自给天数，单位为天（d），即最长连续阴雨天数与最长连续风力低于风力发电机组切入风速的天数之差；

$\quad C_c$——放电深度，即蓄电池技术参数，按相关规范要求。

5 系统基本技术指标

5.1 太阳光伏组件

 a) 光电转换效率应不小于 14%；

 b) 应有旁路二极管；

 c) 光伏组件应符合 GB/T 9535 的要求。

5.2 风力发电机组

 a) 宜选用永磁式发电机，应符合 GB/T 10760.1 的技术要求；

 b) 额定风速 8m/s，也可根据当地风资源实测选取；

 c) 切入风速宜选低值；

 d) 机组应符合 GB/T 19068.1 的技术要求；

 e) 应有制动保护系统。

5.3 蓄电池组件

 a) 宜选用密封免维护阀控胶体电池；

 b) 有认证资格的检测机构按照国家或行业相关标准进行测试。

5.4 风光互补控制器

5.4.1 系统额定输出电压可选 12V/DC、24V/DC 及 220 V/AC。

5.4.2 最大充、放电电流大于或等于 30A。

5.4.3 允许太阳光伏组件最大开路电压大于或等于 50V。

5.4.4 控制器损耗不超过额定充电电流的 1%。

5.4.5 充放电回路压降不超过其输出端电压的 3%。

5.4.6 通信接口类型可选 RS232、RS485、RJ45 或无线模块。

5.4.7 应有本地实时显示功能，应能显示太阳光伏组件方阵、风力发电机组的输入电压/电流，蓄电池组电压和放电电流，蓄电池过、欠压报警，各种应报警。

5.4.8 现场控制器的实时监控功能部分应具有：

 a) 实时监视供电系统工作状态；

  b) 采集和存储供电系统运行参数；

  c) 能够按照管理中心的命令对供电系统进行控制。

5.4.9 应有蓄电池管理功能，能独立控制主次负载设备供电状态，合理调配蓄电池电量，优先保证通信设备正常工作。

5.4.10 对于不具备阻止蓄电池向风力发电机、太阳光伏组件反向放电功能的控制器，需在风力发电机和蓄电池组之间安装一个防反二极管，防止蓄电池向风力发电机放电。

5.4.11 应有系统保护和报警功能：短路保护，反向放电保护，过、欠电压保护等，并通过报警端口进行报警。

5.4.12 应有本地数据存储功能。

5.4.13 应有应急充电接口，应急充电接口符合供电系统蓄电池最大额定充电电流要求。

5.4.14 应有温度补偿功能。

5.4.15 应有最大功率点跟踪（MPPT：Maximum Power Point Tracking）技术。

5.4.16 应有脉冲宽度调制（PWM：Pulse Width Modulation）控制模式。

5.4.17 工作环境适应温度应与工程所在地区极端气温相匹配。

5.4.18 实现对供电系统的应急维护，宜采取对远端传输设备配置光旁路器的措施。

5.5 蓄电池保温箱

5.5.1 依据 CECS 85，保温箱放置地点应选择干燥地区。

5.5.2 箱体钢板厚度应不小于 2.0mm，宜用不锈钢钢板材料制作。

5.5.3 箱体制作为双层钢板结构，钢板中间夹层嵌入不小于 5mm 聚氨酯泡沫或石棉等保温材料。

5.5.4 保温箱埋地应具有防尘、防水功能。

5.5.5 蓄电池保温箱底部应有橡胶衬板，使蓄电池与箱体有效隔开，防止电解液泄漏对箱体造成腐蚀。

5.5.6 依据 CECS 84，在环境温度低于 0℃或高于 35℃时蓄电池组应设置防冻或防晒隔热保温箱。

5.6 系统管理软件

5.6.1 通信功能：应能支持光纤通信或无线通信等方式。

5.6.2 显示功能：能显示供电系统各组件的电压、电流、负载电流、累计发电量及负载累计用电量等参数。

5.6.3 报警功能：组件出现故障或组件参数达到报警阈值时，可发出报警信号。

5.6.4 应有故障自动检测功能。

5.6.5 应有统计、打印功能和历史记录查询功能。

5.6.6 应可直观地以地理信息系统显示方式表述供电系统位置。

6 系统安装要求

6.1 太阳光伏组件

6.1.1 太阳光伏组件应设置在四周不遮挡光线的位置。各太阳光伏组件阵列之间应相距大于或等于 3m。

6.1.2 太阳光伏组件方位角选择可引用民用建筑的相关标准。

6.1.3 太阳光伏组件安装倾斜角的计算，按照 CECS 84 的相关要求执行。

6.1.4 太阳光伏组件安装要牢固，依据 CECS 84，安装地点的当地最大风力大于 10 级的场所应采取加固措施，同时满足公路交通安全设施相关标准。

6.2 风力发电机组

6.2.1 风力机宜安装于杆顶。

6.2.2 风力机叶片与太阳能光伏组件支架之间的距离必须大于或等于30cm。

6.2.3 风力机安装紧固件应按50年一遇最大风速进行验算,并符合国家和行业相关标准要求。

6.3 蓄电池

6.3.1 当采用并联方式时,电池组不宜超过4组。

6.3.2 箱体内蓄电池与箱体四周及上方应留有不小于30mm的间隙,蓄电池之间间距应不小于10mm,蓄电池不能倒置。

6.4 配电线

电源线缆应采用铜芯线缆,其截面积不小于4mm²。

6.5 蓄电池保温箱

6.5.1 蓄电池保温箱对外排气管管口距离地面高度应不低于500mm,且应在管口安装防虫网。

6.5.2 蓄电池保温箱至供电对象设备箱的电源电缆、控制电缆等应通过管道与杆件以内孔方式引入。

6.6 系统防雷接地

6.6.1 系统防雷接地应独立接地。

6.6.2 应安装有电源和信号防雷器。

6.6.3 防雷接地包括避雷针(带)、引下线、接地体等,依据GB/T 25382,接地电阻应小于或等于10Ω,并单独设置接地体。

6.7 系统接地

包括风力发电机外壳、太阳能光伏组件框架、支架、设备、机箱外壳、金属线管及蓄电池等需设置安全接地、工作接地和屏蔽接地,依据GB/T 25382,接地电阻应小于或等于4Ω。

7 塔架和地基设计

7.1 载荷计算应包括风、雪、地震等荷载,计算方法应符合国家、行业相关标准要求。

7.2 塔架设计与验算应符合JTG D81的要求。

7.3 地基的设计与验算应符合JTG D81的要求。

附 录 A
（资料性附录）

内蒙古地区气象资料

内蒙古地区气象资料见表 A.1。

表 A.1 内蒙古地区气象资料

地级	呼伦贝尔市											
县级	新巴尔虎左旗	新巴尔虎右旗	小二沟	海拉尔	牙克石	鄂温克旗	陈巴尔虎旗	满洲里	鄂伦春	图里河	根河	额尔古纳右旗
经度（°）	118.27	116.82	123.72	119.75	120.7	119.75	119.43	117.43	123.73	121.68	121.5	120.18
纬度（°）	48.22	48.67	49.2	49.22	49.28	49.15	49.32	49.57	50.58	50.48	50.78	50.25
全年月平均日照时数均值（h/mouth）	225.34	246.98	221.66	201.17	212.28	235.2	236.8	261.71	214.67	216.34	203.8	224.23
全年太阳能日辐射总量均值（kWh/m²/day）	3.90	3.95	3.70	3.83	3.74	3.83	3.83	3.85	3.63	3.68	3.68	3.68
全年平均风速（m/s）	2.41	3.03	1.54	2.93	1.95	2.54	2.18	3.69	1.9	2.02	1.18	1.74
全年月平均最高温度（℃）	21.9	22.7	21	20.9	19.7	20.9	21	21.2	20	17.3	18.3	20.2
全年月平均最低温度（℃）	-23.9	-21.9	-23.1	-25.9	-27.3	-26.7	-27.3	-23.8	-21.5	-29.1	-28	-29

表 A.1（续）

地级	呼伦贝尔市					兴安盟							
县级	阿荣旗	莫力达瓦旗	扎兰屯	博克图	高力板	科右中旗	突泉县	乌兰浩特	索伦	扎赉特旗	胡尔勒	阿尔山
经度（°）	123.48	124.48	122.73	121.92	121.82	121.47	121.53	122.05	121.2	122.9	122.08	119.93
纬度（°）	48.13	48.47	48	48.77	44.88	45.05	45.4	46.08	46.6	46.72	46.72	47.17
全年月平均日照时数均值（h/mouth）	206.05	217.54	225.63	228.43	243	252.68	250.34	235.95	234.5	222.97	247.07	236.09
全年太阳能日辐射总量均值（kWh/m²/day）	3.84	3.84	3.80	3.77	4.26	4.12	4.12	4.07	3.99	4.07	4.07	3.96
全年平均风速（m/s）	2.87	2.99	2.15	2.95	3.07	3.78	4.03	2.23	2.93	2.68	3.13	2.06
全年月平均最高温度（℃）	22.3	22.3	22	18.6	23.8	24.2	23.3	23.4	21	23	22.1	17.7
全年月平均最低温度（℃）	-17.3	-19.8c	-16.3	-20.4	-14.1	-12.8	-13.9	-14.6	-17	-15.8	-16.6	-25.2

表 A.1（续）

地级	兴安盟	通辽市										赤峰市
县级	霍林郭勒	库伦旗	科左后旗	奈曼旗	通辽市	开鲁县	青龙山	科左中旗	舍伯吐	扎鲁特旗	巴雅尔吐胡硕	浩尔吐
经度（°）	119.67	121.75	122.35	120.65	122.27	121.28	121.07	123.3	122.02	120.9	120.33	119.3
纬度（°）	45.53	42.73	42.97	42.85	43.6	43.6	42.4	44.13	44.03	44.57	45.07	44.45
全年月平均日照时数均值（h/mouth）	241.14	242.77	221.01	250.83	233.83	265.4	235.07	233.34	225.95	229.79	251.23	250.09
全年太阳能日辐射总量均值（kWh/m²/day）	4.12	4.19	4.22	4.19	4.32	4.31	4.19	4.22	4.26	4.20	4.12	4.14
全年平均风速（m/s）	3.58	3.43	3.14	3.19	3.12	3.3	3.04	3.23	3.13	2.27	3.18	3.32
全年月平均最高温度（℃）	20.4	23.5	23.3	23.8	24.3	24.2	22.5	24	24.2	24.4	21.4	21.4
全年月平均最低温度（℃）	-20	-11.8	-12.9	-12.1	-12.9	-13	-11.9	-15.2	-14	-12	-16.1	-14.6

DB15/T 845—2015

表 A.1（续）

赤峰市

地级		赤峰市										
县级	八里罕	喀喇沁旗	宝国图	敖汉旗	赤峰市	岗子	翁牛特旗	阿鲁科尔沁	克什克腾旗	林西	巴林右旗	巴林左旗
经度（°）	118.75	118.7	120.7	119.92	118.93	118.4	119.02	120.05	117.53	118.1	118.65	119.4
纬度（°）	41.52	41.93	42.33	42.28	42.27	42.58	42.93	43.88	43.25	43.6	43.53	43.98
全年月平均日照时数均值（h/mouth）	240.16	234.8	239.14	246.18	247.75	259.1	260.16	265.25	245.43	240.8	250.78	262.22
全年太阳能日辐射总量均值（kWh/m²/day）	4.46	4.46	4.19	4.25	4.36	4.36	4.25	4.26	4.18	4.31	4.31	4.29
全年平均风速（m/s）	1.55	1.98	2.57	3.44	2.21	2.32	3.0	2.72	2.98	2.54	3.03	2.14
全年月平均最高温度（℃）	22.4	22.4	23.1	23	23.6	20.6	22.7	24.1	20.8	22.2	23.1	23.4
全年月平均最低温度（℃）	-11.2	-11	-11.2	-11.9	-10.7	-13	-12.3	-13.6	-17.3	-14	-12.9	-12.6

14

表 A.1（续）

地级	赤峰市	锡林郭勒盟												
县级	宁城	锡林浩特	西乌旗	陌黄旗	朱日和	苏尼特右旗	苏尼特左旗	阿巴嘎	那仁宝力格	二连浩特	东乌旗	乌拉盖
经度（°）	119.35	116.12	117.6	113.83	112.9	112.65	113.63	114.95	114.15	111.97	116.97	118.8
纬度（°）	41.6	43.95	44.58	42.23	42.4	42.75	43.87	44.02	44.62	43.65	45.52	45.72
全年月平均日照时数均值（h/mouth）	244.9	246.55	231.23	253.75	258.23	260.86	258.6	245.11	249.65	262.2	244.89	260.3
全年太阳能日辐射总量均值（kWh/m²/day）	4.43	4.33	4.21	4.53	4.54	4.54	4.39	4.35	4.35	4.56	4.20	4.12
全年平均风速（m/s）	2.31	3.48	3.58	3.83	4.68	4.09	3.62	3.03	3.27	3.3	2.72	2.61
全年月平均最高温度（℃）	23.1	22	20.7	21.7	23.5	23.9	23.5	22	21.3	24.8	22.1	20.4
全年月平均最低温度（℃）	−11.7	−20	−19.6	−16	−14.8	−15.6	−19.8	−21.3	−21.4	−18.1	−20.7	−22.5

表 A.1（续）

地级	锡林郭勒盟				乌兰察布市							
县级	大仆寺	多伦县	正兰旗	正白旗	集宁市	凉城县	卓资县	化德县	商都县	察右后旗	察右中旗	四子王旗
经度（°）	115.27	116.47	115.98	115	113.07	112.52	112.57	114	113.55	113.18	112.62	111.68
纬度（°）	41.88	42.18	42.25	42.3	41.03	40.52	40.87	41.9	41.57	41.45	41.27	41.53
全年月平均日照时数均值（h/mouth）	240.07	236.1.75	260.23	260.83	235.36	240.32	240.88	234.69	243.97	220.27	252.08	253.98
全年太阳能日辐射总量均值（kWh/m²/day）	4.45	4.40	4.40	4.46	4.53	4.55	4.55	4.55	4.53	4.61	4.5	4.5
全年平均风速（m/s）	3.06	2.89	3.94	2.82	2.08	1.9	1.55	3.15	2.45	2.89	3.77	2.73
全年月平均最高温度（℃）	19.2	19.6	19.8	20.4	20.7	21.7	20.2	20.1	20.9	21.2	18.5	20.8
全年月平均最低温度（℃）	−17.1	−17.5	−17.5	−17.4	−13.3	−13.3	−15.4	−15.7	−14.3	−14.2	−16	−15.3

表 A.1（续）

地级	乌兰察布市			呼和浩特							包头市	
县级	丰镇	兴和县	察右前旗	清水河	和林格尔县	托克托县	呼市南郊	土左旗	呼和浩特	武川县	白云	满都拉
经度（°）	113.2	113.87	113.22	111.67	111.82	111.18	111.7	111.15	111.68	111.45	110	110.13
纬度（°）	40.45	40.88	40.8	39.92	40.4	40.27	40.8	40.68	40.82	41.1	41.77	42.53
全年月平均日照时数均值（h/mouth）	229.7	227.94	229.48	238.36	238.74	233.45	236.98	225.58	219.11	239.3	276.4	264.4
全年太阳能日辐射总量均值（kWh/m²/day）	4.55	4.55	4.55	4.58	4.55	4.55	4.55	4.55	4.55	4.5	4.55	4.60
全年平均风速（m/s）	1.83	2.66	2.32	2.04	1.79	1.68	1.56	1.63	1.67	2.93	4.61	3.96
全年月平均最高温度（℃）	21.7	21.1	21.5	23.3	22.7	24	23.5	23.5	23.9	20	20.7	23.6
全年月平均最低温度（℃）	-14	-13.4	-12.9	-11.3	-13.1	-11.6	-11.8	-12.2	-11.1	-14.7	-15	-14.3

表 A.1（续）

地级		包头市					鄂尔多斯市						
县级	土右旗	包头市	昭和	固阳县	达茂旗	乌审召	伊金霍洛	东胜市	杭锦旗	鄂托克旗	伊克乌素	达拉特旗
经度（°）	110.53	109.85	111.2	110.05	110.43	109.03	109.73	109.98	108.73	107.98	107.85	110.03
纬度（°）	40.55	40.67	41.32	41.03	41.7	39.1	39.57	39.83	39.85	39.1	40.05	40.4
全年月平均日照时数均值（h/mouth）	248.83	239.47	270.9	235.71	240.48	262.51	255.65	255.42	251.38	238.52	273.94	258.55
全年太阳能日辐射总量均值（kWh/m²/day）	4.57	4.53	4.50	4.55	4.55	4.62	4.61	4.61	4.66	4.65	4.50	4.57
全年平均风速（m/s）	1.76	1.34	3.46	2.18	2.73	2.92	2.32	2.67	2.83	2.16	3.29	2.02
全年月平均最高温度（℃）	24	24.4	19.9	22.4	22.1	22.3	22.6	22.1	22.9	23	24.6	24
全年月平均最低温度（℃）	-10.9	-11.1	-17	-14.4	-15.1	-12	-11.4	-10.1	-11.6	-10.2	-12	-11.9

表 A.1（续）

地级	鄂尔多斯市			巴彦淖尔市								
县级	鄂托克前旗	乌审旗	准格尔旗	乌拉特前旗	杭锦后旗	磴口县	大佘太	五原县	乌拉特中旗	乌拉特后旗	海力素	河南
经度（°）	107.48	108.83	110.87	108.65	107.13	107	109.13	108.27	108.52	106.98	106.4	108.7
纬度（°）	38.18	38.6	39.67	40.73	40.9	40.33	41.02	41.1	41.57	41.45	41.4	37.85
全年月平均日照时数均值（h/mouth）	243.02	245.11	240.61	259.62	271.91	274.78	265.19	263.01	255.23	264.37	259.72	236.6
全年太阳能日辐射总量均值（kWh/m²/day）	4.64	4.62	4.58	4.6	4.5	4.5	4.52	4.51	4.51	4.47	4.51	4.47
全年平均风速（m/s）	2.08	2.09	2.14	2.18	2.03	2.5	1.76	1.88	2.72	3.41	5.21	1.73
全年月平均最高温度（℃）	23.4	23.1	23.2	25.5	23.7	25.3	24.5	24.5	23.4	23.2	23.3	22.5
全年月平均最低温度（℃）	-10	-9.4	-11.3	-10.8	-11.5	-10.2	-12.6	-11.5	-13.6	-12	-14.7	-11

表 A.1（续）

地级	巴彦淖尔市	乌海市	阿拉善盟								
县级	临河市	乌海市	阿拉善左旗	孪井滩	吉兰太	头道湖	阿拉善右旗	中泉子	巴音诺尔公	拐子湖	额济纳旗
经度（°）	107.42	106.82	105.67	105.4	105.75	105.13	101.68	102.7	104.8	102.37	101.07
纬度（°）	40.75	39.68	38.83	37.88	39.78	38.05	39.22	39.3	40.17	41.37	41.95
全年月平均日照时数均值（h/mouth）	262.68	256.46	250.08	253.1	270.85	247.39	278.62	273.08	265.31	285.28	277.7
全年太阳能日辐射总量均值（kWh/m²/day）	4.5	4.6	4.64	4.59	4.63	4.64	4.7	4.72	4.59	4.62	4.69
全年平均风速（m/s）	2.03	2.72	2.19	2.82	2.88	3.35	3.21	3.22	3.44	4.69	2.8
全年月平均最高温度（℃）	24.8	26.3	23.8	24	26.5	24.6	25	26.3	24.8	28.5	28.3
全年月平均最低温度（℃）	-10.6	-10.1	-8.3	-9.5	-10.6	-9.3	-8.9	-10.5	-12.1	-12.4	-11.9

ICS 93.080.30

P 66

备案号：45708—2015

DB15

内 蒙 古 自 治 区 地 方 标 准

DB15/T 846—2015

内蒙古高速公路监控风光互补供电系统
安装维护操作规程

Installation and maintenance procedures for wind-solar hybrid power supply
system of monitoring project of Inner Mongolia expressway

2015-04-01 发布

2015-07-01 实施

内蒙古自治区质量技术监督局 发布

目　　次

前　言

本标准按照 GB/T 1.1—2009 给出的规则起草。

本标准由内蒙古自治区交通运输厅归口。

本标准主要起草单位:内蒙古高等级公路建设开发有限责任公司。

本标准参与起草单位:内蒙古交通设计研究院有限责任公司、广州九昭电子信息技术有限公司、内蒙古埃伊尔科工贸有限责任公司、北京瑞华赢科技发展有限公司。

本标准主要起草人:辛强、孙广利、王树林、宝勇、高延奎、闫旭亮、高登云、关曙光、李美萍、韩巧丽、张留通、赵舞台、高俊林、武皓杰、李宏军、卢艳伟、高二利、陈培秋、贾钢。

内蒙古高速公路监控风光互补供电系统安装维护操作规程

1 范围

本标准规定了负载（混合）总功率70W及以下的风光互补供电系统的系统安装、操作与维护、应急处理预案和常见故障原因及处理。

本标准适用于内蒙古地区高速公路监控风光互补供电系统。

2 规范性引用文件

下列文件对于本文件的应用是必不可少的。凡是注日期的引用文件，仅注日期的版本适用于本文件。凡是不注日期的引用文件，其最新版本（包括所有的修改单）适用于本文件。

GB／T 2297　　　太阳光伏能源系统术语

GB／T 2900.53　　电工术语　风力发电机组

GB／T 19115.2　　离网型户用风光互补发电系统　第2部分：试验方法

GB／T 24716　　　公路沿线设施太阳能供电系统通用技术规范

CECS 85　　　　　太阳光伏电源系统安装工程施工及验收技术规范

YD／T 1360　　　通信用阀控式密封胶体蓄电池

3 术语和定义

GB／T 2297、GB／T 2900.53 中确立的术语和定义适用于本文件。

4 系统安装

依据 CECS 85 进行安装。

4.1 安装流程

a)　基础、蓄电池井制作；

b)　防雷接地制作；

c)　立柱吊装；

d)　风力发电机组安装；

e)　太阳能光伏组件安装；

f)　保温箱及蓄电池组安装；

g)　风光互补控制器安装；

h)　通信设备的安装。

此安装流程为一般建议，可按施工需求进行适当调整。

4.2 基础和蓄电池井制作

a)　蓄电池井定位宜选择在路侧边坡，应高于历年汛期最高水位；

b) 基坑开挖前应了解地下管线敷设情况,并采取必要的防塌方措施;

c) 基础、蓄电池井浇筑前必须严格按照设计要求进行钢筋绑扎,各项材料须满足设计要求;

d) 蓄电池井必须进行保温和防水处理,保温措施宜选用专用的保温材料。

4.3 防雷接地制作

a) 接地宜选择在护坡的底端与大地有良好接触处;

b) 防雷接地体与安全接地体分开时,间距应大于20m;

c) 避雷针安装于立柱顶部侧面,与立柱间距满足风轮回转半径要求;

d) 接地引线外套PVC套管与立柱固定;接地引线与接地体良好连接,且连接处应做防腐处理。

4.4 立柱吊装

a) 安装作业应在良好的天气进行,风力大于五级、大雪、浓雾天气时不得进行作业,安装工作必须由专业人员操作;

b) 立柱放置于基础预留孔后调整垂直;

c) 立柱安装好避雷针及风力发电机组后整体起吊至基础位置;

d) 安装过程中应做好保护,基础及立柱预留的进线孔不得堵塞。

4.5 风力发电机组安装

a) 将风力发电机组件按照产品说明书要求进行组装;

b) 将电缆与立柱顶端的塔架内接头连接;

c) 将发电机套入立柱顶端;

d) 将发电机与法兰用螺钉紧固;

e) 将风轮安装在发电机输出轴;

f) 按照设计要求,将风力发电机电源输出线连接至控制器内相应的接线端子处,并正确连接紧固。

4.6 太阳光伏组件安装

a) 安装前应提前进行组装,并按照设计要求固定,依据CECS 85的要求进行安装;

b) 安装时可利用升降车将太阳光伏组件支架送至安装高度,固定在立柱上并调整好方向和角度。若太阳光伏组件为两层设置,太阳光伏组件的安装位置应保证在日照时间光线无遮蔽;

c) 太阳光伏组件电缆线应按规定穿到太阳能板支架里,穿好后打上玻璃胶,确保防止雨水浸入;

d) 安装过程中轻拿轻放,不可随意打开太阳光伏组件的各连接部件。

4.7 保温箱及蓄电池组安装

a) 蓄电池对外排气管管口应高出井盖500mm,且应在管口安装防鼠网;

b) 蓄电池保温箱至设备的电力电缆、控制电缆等应穿管埋地敷设,禁止架空走线;

c) 蓄电池应具有一定的安装间隙,两块电池之间的安装间隙不小于10mm;蓄电池与保温箱内壁之间的间隙不小于30mm;

d) 应根据蓄电池正负极的位置、连线的长短选择最佳的有序方式进行摆放;

e) 检查所有蓄电池的生产厂家、型号、标称电压、标称容量是否一致;若不一致,严禁混用;确定连接完毕后总的正、负极的位置,然后将其余的极柱依次正负相连;

f) 应使用专用的绝缘扳手连接蓄电池;连接完毕后,测量蓄电池组电压,其值是否与要求相符

合,并确定正负极;

g) 将蓄电池组的引出线敷设至控制箱指定的位置,按照设计要求进行正确的连接。

4.8 控制器安装

a) 先按照设计要求进行组装;控制箱的门应与箱体紧密相配,严禁雨水渗入;

b) 控制箱内部连接线缆应布设整齐、端子紧固;

c) 控制箱门锁宜采用上下拉杆式,防止被大风吹开或被人为偷撬;

d) 安装初期,电源开关应处在关闭位置,使风力发电机组、太阳光伏组件输入处于关机状态;确定控制器在系统中已可靠连接后才能开机;

e) 设备连接顺序依次为:接地→卸荷器→负载→蓄电池组→太阳光伏组件→风力发电机组;线缆端连接部位要求接触良好、牢固,不可将正负极接反。

4.9 通信设备安装

a) 安装前,将设备控制箱的背板卸掉,设备均匀摆放在控制箱的背板上,确定好位置后,用电钻打孔,分别用对应的螺钉拧紧固定;

b) 连接线要敷设在线槽内,固定绑扎整齐;

c) 将编码器的通信接口通过尾纤相连,光纤不能打直弯,要预留一定的弯曲度,余留盘好后放在机箱内。

5 操作与维护

5.1 总则

供电系统的操作主要包括风光互补供电系统及各组成设备的基本参数设定、充放电控制策略和能量管理。系统维护主要包括风光互补供电系统各组成设备的日常使用维护以及系统数据的管理维护。依据 GB/T 19115.2、GB/T 24716 和 YD/T 1360 等标准进行维护。

5.2 系统参数设定

5.2.1 控制器参数设定

a) 根据蓄电池特性设置蓄电池充电的直充电压、浮充电压值;

b) 蓄电池放电的过放保护电压和过放全恢复电压阈值;

c) 风力发电机组过速卸荷或制动保护电压阈值;

d) 负载过流保护阈值;

e) 风力发电机组充电电流;

f) 太阳光伏组件充电电流;

g) 蓄电池放电电流;

h) 控制器对蓄电池电压值的临界保护点。

5.2.2 电源管理软件参数设定

a) 用户管理权限;

b) 前端设备信息管理(区域、路段、设备编号);

c) 通信参数设置(通信波特率、通信模式、通信地址);

    d）　数据采集周期、监控数据状态显示模式（曲线、列表展示、GIS 应用显示）；

    e）　报表统计、查询、下载。

5.3　充放电控制策略和能量管理

5.3.1　组件的功率跟踪与蓄电池荷电状态之间的配合控制（策略）。

5.3.2　蓄电池的分组放电管理。

5.3.3　跟踪蓄电池电压荷值，蓄电池饱满状态时，对风力发电机组实施卸荷控制。

5.4　日常使用维护

5.4.1　观察风轮运转是否正常，如发现运转不平稳，机头有剧烈抖动或出现异常声响，应立即停机按表 1 进行检查排除。

5.4.2　观察风轮转速是否明显降低，如发生，应立即停机按表 1 进行检查排除。

5.4.3　控制器面板上指示灯的含义在说明书有详细的介绍，如果发现控制器有异常响声、异味等，应立即停止用电；过载灯常亮应检查线路是否短路。大风时卸荷电阻发热是正常现象，严禁覆盖任何物品。

5.4.4　要经常检查蓄电池接线柱与电缆线的连接是否牢固，发现松动应立即紧固。

5.4.5　发现蓄电池接线柱锈蚀或蓄电池表面脏污应及时清理。清理之前，必须先安全切出风力发电机组，同时使太阳能电池组件撤出状态，接着关闭负荷开关、控制器开关，断开电路，再松开蓄电池正、负极电缆接头对蓄电池进行清理。清理之后，先连接紧固好蓄电池正、负极电缆接头，然后依次切入风力发电机组，打开太阳能电池组件、控制器开关、负荷开关，使系统恢复正常运行。

5.4.6　检查蓄电池有无包括其外壳破损变形、电液漏酸的物理性损坏，外表温度异常（大于 40℃），如发生应通知产商修复或更换。

5.4.7　注意清洁太阳光伏组件灰尘等脏污累积。应使用柔软的布料配合柔性的洗涤剂清洗后再用清水清洗，但不要在太阳光伏组件温度较高时清洗，以防产生的热量交换冲击损坏太阳光伏组件。

5.4.8　若太阳光伏组件表面玻璃破碎，应通知产商修复或更换。修理时应用不透明的材料覆盖在太阳光伏组件表面或使用电力绝缘胶布包好太阳光伏组件的接线端接头，以防发生电击。

5.4.9　应保持电源管理软件日常运行与操作使用，实现系统的运行维护：

    a）　查看数据，若有缺失，分析原因并排除故障；

    b）　查看实时报警信息，依据报警信息进行相应故障排除；

    c）　查看蓄电池组电压实时及历史记录数据，如发现蓄电池电压过低，应按表 1 进行检查；

    d）　查看太阳能组件电源实时及历史输入数据，如发现太阳能组件输出电压低或无输出电压，应按表 1 进行检查。

5.5　定期保养与维护

    定期保养与维护是预防性的定期检查、定期润滑保养。供电系统的定期维护要由管理人员和相关技术负责人制定定期维护计划，并对风力发电机组、太阳光伏组件、控制器、蓄电池等的使用情况、运行及维修情况做相应记录。

5.5.1　定期检查风力发电机组的运行情况，有风时，观察风轮的转动是否随风力大小的变化而及时产生变化，是否随风向的变化而及时做出调整。此项检查每半年至少进行一次，在经历极限风速后，应进行此项检查。

5.5.2　在风力发电机组安装后的 3 个月或经历极限风速时，应检查安装塔架或拉索是否松动。

5.5.3　定期对太阳光伏组件进行观察，当观察到太阳光伏组件表面积尘达到灰色，看不清太阳光伏组件原来的蓝色结晶状板面时,应及时对其进行清扫除尘。

5.5.4 每年应检查太阳光伏组件的封装及连线接头,如发现有封装开胶进水、电池片变色及接头松动、脱线、腐蚀等,要及时进行维修或更换。

5.5.5 每两年对风力发电机组所有露天部件进行一次清洁、除锈、涂漆处理。如露天部件采用了不锈钢或经过特殊的长效防锈蚀处理时,不必再对外表进行保养。

5.5.6 按生产厂家与具体设计要求定期对蓄电池组中各蓄电池的端电压进行一次检查,若单个蓄电池的端电压低于其最低临界电压,应及时更换或进行均充。同时应检查蓄电池连线牢固程度,主要防止因蓄电池在充放电过程中的温度变化导致连线处松动或接触电阻过大。

5.5.7 按厂家与具体设计要求定期检测蓄电池组在充电饱和时间段的总浮充电压,如总浮充电压超标则需调整控制器充电参数设置,保障总浮充电压到基准值。

5.5.8 按厂家与具体设计要求定期检测蓄电池组总体低电压,判断是否存在超容量过放电,如总电压低于放电终止电压值则需调整控制器放电参数设置,保障放电终止电压到基准值。

5.5.9 按相关行业标准,每年以实际负荷做一次核对性放电,并做均充。

5.5.10 每半年检查一次电气线路,重点检查连接点是否牢固,连接端子有无松动。

5.5.11 每年雷雨期前检查风光互补供电系统的接地电阻。

5.6 数据管理

5.6.1 数据的查询管理

    a) 设备状态实时数据及历史数据;
    b) 风力发电机组的充电电流及充电电压实时数据及历史数据;
    c) 太阳光伏组件的充电电流及充电电压实时数据及历史数据;
    d) 蓄电池电压、充放电电流实时数据及历史数据。

5.6.2 数据统计

    a) 报警记录统计;
    b) 风力发电机组发电量的振幅峰值及平均发电量统计;
    c) 太阳光伏组件发电量的振幅峰值及平均发电量统计;
    d) 蓄电池实时电荷量值统计。

5.6.3 数据定期报表生成及导入导出。

6 应急处理预案

    风光互补供电系统前端供电设备核心部件发生故障时,会导致供电系统不能储能或向负载设备供电。主要情况包括太阳能组件故障无法充供电、风力发电机故障无法充供电、风光互补控制器故障无法充供电、蓄电池故障造成无法充放电。实现对供电系统的应急维护采取如下措施:
    a) 储备核心设备的备品备件;
    b) 配备向蓄电池应急充电及定时均充的充电设备。

6.1 备品备件及蓄电池室内浮充

6.1.1 适当储备太阳能板、风力发电机组、储备控制器作为备品备件,以便在现场同类设备异常损坏时能够及时更换。

6.1.2 适当储备配置蓄电池,以便在蓄电池失效损坏时能够及时更换。同时配置一套30A蓄电池专

用充电机对蓄电池进行室内浮充,室内浮充方法如下:

 a) 全自动智能充电机在维护部门接通市电,产生输出电流对蓄电池充电;

 b) 在浮充状态下,充入蓄电池的电流补充蓄电池因自放电而失去的电量,同时,浮充电压保持符合通用的标准:每个 2V 单体的浮充电压为 2.23～2.25V,每个 12V 蓄电池的浮充电压为13.38～13.65V;浮充限流保证最大电流不超过 250A(即约 0.25C10A),这样保障免维护蓄电池的浮充寿命;

 c) 符合标准的蓄电池自放电月容量损失小于 4%,为保障蓄电池不因自放电缩短使用寿命,同时补偿自放电月容量损失,应保障每季度对每个蓄电池备品浮充不少于 1 次。

6.2　蓄电池室内定时均充

 a) 当出现长期阴雨天,或因其他充放电设备控制器故障,导致蓄电池电能消耗较大,不能向设备正常供电时,应由专业人员采用发电机对蓄电池进行应急快速充电;

 b) 为保障蓄电池组各蓄电池的电压与容量等电气特性的均匀性,延长蓄电池寿命,每年由专业人员采用发电机对蓄电池进行均充。

7　常见故障原因及处理

风光互补供电系统常见故障原因及处理方法如表 1 所示。

表 1　风光互补供电系统常见故障原因及处理方法

故　障	产　生　原　因	排　除　方　法
风力发电机组剧烈振动	(1)钢丝拉绳松动; (2)叶片固定螺栓松动; (3)受外力作用导致风轮叶片缺损; (4)叶片表面结冰,造成不平衡	(1)调整张紧钢丝拉绳; (2)拧紧松动部位; (3)更换叶片,更换后重新进行平衡; (4)清除附冰
风力发电机组调向不灵	(1)回转体内油泥污垢过多; (2)外力损伤导致转动部位变形; (3)立轴与套间隙过小或轴向没有游隙	(1)清除异物,润滑保养; (2)校正变形; (3)修复使其符合要求
异常声响	(1)紧固部位有松动之处; (2)发电机轴承与圆转体松动; (3)发电机轴承损坏; (4)风轮与其他部位摩擦; (5)发电机转子与定子摩擦	(1)检查各紧固部位并采取防松措施; (2)查明部位,修复排除; (3)更换轴承; (4)检查排除; (5)更换发电机或修理摩擦部位
风轮转速明显降低	(1)发电机定子与转子摩擦; (2)电机定子绕组短路或输出线短路; (3)制动盘摩擦; (4)逆变开关在"停机"位置	(1)检查排除并润滑保养; (2)拆卸查明,更换发电机; (3)查明短路部位; (4)重新调整制动间隙; (5)置"开机"位置

表1（续）

故　障	产　生　原　因	排　除　方　法
发电机输出电压低	(1)发电机转速低； (2)永磁转子退磁； (3)定子绕组有短路； (4)输电滑环和输出线路中连接点导电不良； (5)整流器中有短路； (6)低电压输电线路长,导线线径细	(1)查明原因,恢复正常转速； (2)充磁或更换转子； (3)查明短路处,剥离,浸漆绝缘； (4)清理滑环和连接点降低接触电阻； (5)更换； (6)缩短线路或加粗线径,减少线损
蓄电池输出不足	(1)发电机输出电压过低或不发电； (2)蓄电池接线柱酸蚀,导电不良； (3)蓄电池失效	(1)按发电机输出电压过低各项检查排除； (2)清理接线处,使其接触良好,紧固牢靠,并涂防护油脂； (3)更换蓄电池
风力达到4级以上,但风轮转动很慢,控制器充电指示灯不亮	(1)风力发电机组的两条输出线短路； (2)发电机内部出现故障	(1)查看控制器上风力发电机组的连接端子是否出现短路,如短路则重新连接； (2)若连接端子不短路或重新连接后故障仍然存在,先关闭逆变器输出开关,再从控制器上拆下蓄电池组的连线,采取措施防止蓄电池组连线短路,然后从控制器上拆下风力发电机组的输出线,用万用表测量输出线两线间的电阻,如没有电阻或电阻很小,则说明连接电缆的内部出现短路,这时应查找到短路部位并予以排除。如上述检查都正常,则需更换发电机
风轮转起正常,但不能向蓄电池充电	(1)控制器熔断器熔断； (2)控制器已烧坏； (3)发电机内部出现故障	(1)先从控制器上拆下风力发电机组输出线,从控制器后面板上拔下熔断器罩,然后再拔下熔断器,检查熔断器是否断开,如已断开则更换熔断器； (2)如更换熔断器,重新在控制器上连接风力发电机组输出线后故障仍然存在,则再断开风力发电机组输出线,用万用表测量两线间的电压,如电压正常,则需更换或维修控制器；如没有电压,则需更换或维修发电机
风力不大,但风轮转得很快,控制器充电指示灯不亮	(1)风力发电机组的两条输出线断路； (2)发电机内部出现故障	(1)查看控制器上风力发电机组的连接端子是否已断开,如断开则重新连接； (2)若连接端子连接良好或重新连接后故障仍然存在,首先关闭逆变器输出开关,再从控制器上拆下蓄电池组的连线,采取措施防止蓄电池组连线短路,然后从控制器上拆下风力发电机组输出线,将输出线的两端短路,观察风叶的转动是否变慢,如变慢则更换发电机；如风叶依然转得很快,用万用表2MΩ的挡位测量输出线的两端电阻,如没有电阻则说明连接电缆中已断路,这时应查找到断路部位并予以排除。如进行以上处理后故障仍然存在,则需更换发电机

表1(续)

故　障	产 生 原 因	排 除 方 法
风轮转起来抖动	叶片固定螺栓松动	重新紧固螺栓
控制器鸣叫,用电设备不工作	(1)蓄电池电压过低; (2)负载过大	(1)关闭逆变器输出开关,待风力发电机组工作一段时间后,重新打开开关; (2)如蓄电池电压正常,则先关闭一些功率较大的用电器
控制器不工作,没有电流输出	(1)电缆的正、负极接反或电缆连接部位松动; (2)蓄电池损坏	(1)检查电缆的连接部位; (2)检查蓄电池在风力发电机、控制器工作正常时能否充电,如不能充电或蓄电池已使用多年,应更换蓄电池

ICS 93.080.30

P 66

备案号：45709—2015

DB15

内 蒙 古 自 治 区 地 方 标 准

DB15/T 847—2015

内蒙古高速公路监控风光互补
供电系统验收规范

Acceptance specification for wind-solar hybrid power supply system of
monitoring project of Inner Mongolia expressway

2015-04-01 发布

2015-07-01 实施

内蒙古自治区质量技术监督局 发布

目　　次

前　言

本标准按照 GB／T 1.1—2009 给出的规则起草。

本标准由内蒙古自治区交通运输厅归口。

本标准主要起草单位:内蒙古高等级公路建设开发有限责任公司。

本标准参与起草单位:内蒙古交通设计研究院有限责任公司、广州九昭电子信息技术有限公司、内蒙古埃伊尔科工贸有限责任公司、北京瑞华赢科技发展有限公司。

本标准主要起草人:王树林、孙广利、辛强、高俊林、高延奎、李美萍、闫旭亮、高登云、关曙光、张留通、赵舞台、李宏军、卢艳伟、宝勇、武皓杰、邵先胜、陈培秋、贾钢、马来刚。

内蒙古高速公路监控风光互补供电系统验收规范

1 范围

本标准规定了负载(混合)总功率70W及以下的风光互补供电系统的验收程序、验收试验方法及验收文件。

本标准适用于内蒙古高速公路监控风光互补供电系统。

2 规范性引用文件

下列文件对于本文件的应用是必不可少的。凡是注日期的引用文件,仅注日期的版本适用于本文件。凡是不注日期的引用文件,其最新版本(包括所有的修改单)适用于本文件。

GB/T 2297　　　太阳光伏能源系统术语
GB/T 2900.53　　电工术语　风力发电机组
GB/T 9535　　　地面用晶体硅光伏组件　设计鉴定与定型
GB/T 14009　　　太阳能电池组件参数测量方法
GB/T 19064　　　家用太阳能光伏电源系统技术条件和试验方法
GB/T 19068.2　　离网型风力发电机组　第2部分:试验方法
GB/T 19115.2　　离网型户用风光互补发电系统　第2部分:试验方法
GB/T 19639.1　　通用阀控式铅酸蓄电池　第1部分:技术条件
GB/T 20319　　　风力发电机组　验收规范
GB/T 25382　　　离网型风光互补发电系统　运行验收规范
CECS 84　　　　太阳光伏电源系统安装设计规范
YD/T 1669　　　离网型通信用风/光互补供电系统

3 术语和定义

GB/T 2297、GB/T 2900.53中确立的术语和定义适用于本标准。

4 验收程序

依照GB/T 25382、GB/T 20319和YD/T 1669进行。

4.1 总则

风光互补供电系统验收分为预验收阶段和最终验收阶段。

预验收阶段主要检测验收各供电点前端供电设备是否符合设计要求,是否按照产品说明进行了正确安装、正确线缆接线与连接;检测验收控制器功能、前端供电设备与电源管理软件通信及信息交互功能、电源管理软件监控管理功能等。

最终验收阶段主要收集预验收环节检测内容,同时分析试运行期检测数据,考核评估供电系统能源转换效能、安全性与可靠性等。

4.2 预验收

4.2.1 现场测试

安装工程完成后,要进行各供电点前端供电设备检验、电源管理软件监控管理功能检验、电源管理软件与各供电点前端供电设备监控通信检测。

4.2.2 试运行

供电系统经过现场测试后,进行试运行。试运行期限应满足设计要求,试运行期间执行监控与配置管理,应对供电系统完整运行数据进行记录。

4.3 最终验收

在预验收后,由建设单位组织对系统的功率转换控制性能、安全保护功能等内容进行验证,分析试运行期检测数据,考核评估太阳能、风能能源转换控制性能、系统电流电压变化特性、供电品质、安全保护功能等。其结果应满足设备技术文件的规定。供需双方依据合同规定接受验收结果后,签署最终验收文件。

5 验收试验方法

风光互补供电系统的检验和评定由供需双方联合进行,必要时可委托独立的第三方进行。检验内容分为三个方面:文件验收、外观及工艺验收、系统功能与技术性能验收。

5.1 外观及工艺验收

5.1.1 基本要求

外场设备施工的基本要求:应严格按照设计和合同要求将合格的产品,按照施工规范或要求安装到施工图纸规定的位置,安装过程中对设备保护措施得当,安装后设备无损伤,能正常运行,通过了电气试验和自我检测,并提交了必要的保证资料。

应按相关行业标准对工程如下各项进行检查:

a) 风光互补供电系统的设备及配件数量、型号规格符合要求,部件完整;

b) 各部件表面光泽一致,无划伤、刻痕、剥落、锈蚀;

c) 风力发电机安装平稳、紧固,符合设计要求;

d) 太阳光伏组件安装方位、角度符合设计要求;

e) 防雷接地和安全接地应分开设置,接地焊接牢固,焊缝饱满并做防腐处理;防雷引下线及接地体所用材料规格、防腐与连接措施、安装位置符合设计要求;金属机箱与安全保护地连接可靠,接地极引出线无锈蚀;

f) 控制机箱和蓄电池机箱外部完整,门锁开闭灵活。机箱内电力线、信号线、元器件等布线平直、整齐、固定可靠,标识正确、清晰,插头牢固;

g) 蓄电池机箱内蓄电池外壳无明显的裂缝、严重磕碰痕迹、漏液、外壳鼓胀;蓄电池组件行列排列整齐、间距合适;蓄电池组件与保温箱间距符合设计要求;

h) 电源线布线平直、整齐、固定可靠,连接导线走线平直布置于蓄电池(组)上方,保证线长最短以减少线路压降,长度不超出蓄电池(组)长宽方向外形尺寸;

i) 电源、控制线路以及视频传输线路按规范要求连接,供电系统设备处于正常工作状态;

j) 人(手)孔位置准确,预埋件安装牢固,防水措施良好,人(手)孔内无积水,符合设计要求;

k）隐蔽工程验收记录、工程自检和设备调试记录、有效的设备检验合格报告或证书等资料齐全；

l）经检查不符合基本要求规定时，不得进行验收。

5.1.2 检查项目

检查项目参见表1。

表1 外观及工艺检查项目

序号	设备/零部件		检 查 内 容
1	风力发电机组	风轮/叶片	表面损伤、裂纹及结构不连续
		轴类零件	泄露、异常噪声、振动、腐蚀、润滑、齿轮状态
		机头罩及承载结构件	腐蚀、裂纹、异常噪声
		塔架	腐蚀
		安全设施及制动装置	功能检查、损伤、磨损
2	太阳光伏组件	太阳光伏组件	表面损伤、裂纹、电池连接、火斑、框架损伤、裂纹
		支架及其连接件	腐蚀、裂纹、异常变形
3	风光互补控制器		腐蚀、污损、变形，接线端子是否松动，输入、输出接线是否正确标示
4	蓄电池组		组内连接、组间连接、排气阀、排气、壳体变形、泄露、腐蚀、裂纹
5	设备机箱和蓄电池保温箱		腐蚀、裂纹、异常变形、沉降、移位
6	配线电缆		线缆接线与连接是否正确，线缆外观是否有损伤
7	接地系统		是否连接良好，有无松动，连接线是否有损伤

5.2 系统功能与技术性能验收

风光互补发电系统安装完成后，先进行外观及工艺验收，在前端风光互补电源设备的各安装位置及运行电源管理软件的监控中心进行现场测试，系统试运行期间进行过程测试，将现场测试及系统试运行测试结果作为系统功能与技术性能验收的组成部分。

系统功能与技术性能验收的检验内容见表2，表中标注△项目为关键项目。系统功能与技术性能验收的检验内容选择依据附录A进行。

6 验收文件

应依照GB/T 25382中第6章的要求，提供足够的资料和文件。工程的施工资料和图表残缺，缺乏最基本的数据，或有伪造涂改者，不予验收。

验收资料和文件包括：

1）各项质量控制指标的试验记录和质量检验汇总图表；

2）施工过程中遇到的非正常情况记录及其对工程质量影响分析；

3）施工过程中如发生质量事故，经处理补救后，达到设计要求的认可证明文件；

4）系统调试、试运行报告，验收试验报告及验收报告。

根据有关试验结果，对系统性能指标和技术参数按照技术文件和合同规定进行评价，得出最终验收结论。

表 2　风光互补供电系统功能与技术性能实测项目

项次	检查项目		技 术 要 求	检 查 方 法
1	太阳光伏组件	安装角度	按 CECS 84 附录 B	角度测量器测量
2		绝缘电阻	≥50MΩ/500V	500V 兆欧表测量
3		△开路电压	DC 12V 系统中,开路电压≥DC 18V	电压表测量
			DC 24V 系统中,开路电压≥DC 34V	
4	风力发电机	风向调节功能	能根据风向信号进行自动对风调向	现场观察
5		制动功能	制动后风叶停止转动或缓慢转动	按 GB/T 19068.2,手动制动,观察风轮叶片,应能停止转动或缓慢转动
6	蓄电池	单节蓄电池开路电压	单节 12V 蓄电池开路电压≥12.60V	在蓄电池安装前,按 GB/T 19639.1,电压表测量
7			单节 2V 蓄电池开路电压≥2.10V	
8		△蓄电池组额定输出电压	DC 12V 系统,额定输出电压 12V	在蓄电池组埋地前,按 GB/T 19639.1,电压表测量
			DC 24V 系统,额定输出电压 24V	
9	风光互补控制器	△断电恢复功能	控制器应能自动恢复负载供电到开始关断前的状态	用可调稳压电源模拟蓄电池接入充放电控制器的电池输入端,以 0.1V 为步进慢慢向下调整稳压电源的输出电压,当稳压电源的输出电压低于充放电控制的过放保护电压时,控制器能正确关断负载电压输出,然后以 0.1V 为步进慢慢向上调整稳压电源的输出电压,当稳压电源的电压高于控制器的过放恢复电压时,控制器能自动恢复负载供电到开始关断前的状态
10		△PWM 调制	在输入电压变化时,输出电压能自动稳定在设定电压值	用可调稳压电源模拟太阳能光伏组件接入充放电控制器的太阳能光伏组件输入端,以 0.1V 为步进向上或向下调节稳压电池的输出电压,使输出电压的变化范围在 5V 以内(12V 系统)或 10V 以内(24V 系统),用万用表监测测量控制器的充电输出电压,应该能自动稳定在设定电压值
11		卸荷检查	控制器应有卸荷功能	按 GB/T 19115.2,断开蓄电池及负载与控制器的连接,用三相发电机模拟风力发电机输入到控制器的风力发电机组输入端,当三相发电机组的输出电压超过控制器所设定的卸荷电压时,卸荷回路有电流流过,卸荷器两端有电压
12		显示功能	应能显示太阳光伏组件、风力发电机组的输入电压/电流;蓄电池组电压和放电电流;蓄电池过、欠压报警;各种阀值报警	控制器显示面板工作正常,能正常显示各种运行参数状态

表2（续）

项次	检查项目		技 术 要 求	检 查 方 法
13			应能实时监视供电系统各组件的工作状态；采集和存储供电系统运行数据	通过控制器的按键实际操作，显示面板能显示各组件的运行数据
14		△监控系统	能按照管理软件的命令对供电系统进行控制	在遥控浮充/均充工作接口上分别送入相应信号时，应能进行工作状态转换
				在遥控太阳能光伏组件投入/撤出工作接口上分别送入相应信号时，应能进行工作状态转换
				在遥控风力发电机组开/关工作接口上分别送入相应信号时，应能进行工作状态转换
				在正常工作及有故障时，在遥控工作接口上应有相应指示信号
15	风光互补控制器	供电控制	可独立控制监控设备、传输设备及加热设备，在电量降低到某一值时，可切断监控设备供电，优先保证传输设备正常工作	按 GB/T 19064，用可调稳压电源模拟蓄电池接入控制器的蓄电池端，以0.1V为步进慢慢向下调整稳压电源的输出电压，当稳压电源的输出电压低于设定电压值，控制器能正确关断监控设备电压输出
16		△短路保护	控制器应有短路保护功能	按 GB/T 19064，将蓄电池接入控制器的蓄电池端，手动短路负载输出端，控制器应能立即停止负载电压输出，同时控制器不会损坏；断开负载短路后，用万用表测量负载输出，应无电压输出；手动重启控制器或使用远程管理功能控制负载接通后，负载输出电源能自动恢复
17		反向放电保护	具有防止蓄电池通过太阳光伏组件反向放电的保护功能	按 GB/T 19064，用可调稳压电源模拟蓄电池接入控制器的蓄电池端，用大功率负载电阻接入太阳能光伏组件输入端，用万用表测量太阳光伏组件输入端，应无电压或电压非常低
18		过、欠电压保护	当蓄电池电压值达到过电压设定值时，能关闭太阳能光伏组件及风力发电机输入；当蓄电池电压值达到欠电压设定值时，能关闭负载。当蓄电池电压值恢复到电压设定值时，控制器能自动恢复工作	按 GB/T 19064，用可调稳压电源模拟太阳能光伏组件接入控制器的太阳光伏组件输入端，以步进0.1V向上调节稳压电源的输出电压，用万用表测量蓄电池端电压，其电压不应大于控制器所设定的最高直充充电电压；用可调稳压电源模拟蓄电池接入控制器的蓄电池输入端，以步进0.1V向下调节稳压电源的输出电压，当稳压电源的输出电压低于控制器设定的过放保护电压值时，控制器能正常关闭负载电源的输出

表2（续）

项次	检查项目		技 术 要 求	检 查 方 法
19	风光互补控制器	充电回路压降	不超过其输出端电压的3%	电压表测量
20		△防雷接地电阻	≤10Ω	接地电阻测量仪测量
21		△安全接地电阻	≤4Ω	接地电阻测量仪测量
22	管理软件	实时显示功能	软件系统可以实时显示联网的多个风光互补供电点的太阳光伏组件电压/电流、风力发电机组电压/电流、蓄电池电压、蓄电池放电电流、负载电流等参数	在管理软件上查看联网供电点的太阳光伏组件电压/电流、风力发电机组电压/电流、蓄电池电压、蓄电池放电电流、负载电流等数据是否实时显示
23		△远程设置	在管理中心可远程查看和设置供电系统中的各个站点的参数，如每个站点的蓄电池容量、恢复提升电压、过放电压、恢复过放电压、浮充电压、温度补偿系数、报警阀值等	在管理软件上设置供电系统中的各个站点的参数并保存，在控制器上能查询并显示
24		故障情况报警	监控网络中各个站点的报警可以从异常报警界面中实时查看，当某个站点中有蓄电池或负载异常报警时，相对应项下面的指示灯就会由绿色变为红色快速闪烁，当异常排除后报警自动解除，报警事件的具体情况会被记录在数据库中	模拟故障测试，在管理软件上能进行报警提示并记录
25		附属功能	正确地统计、查询、打印命令指示、设备状况、系统故障数据	实际操作，查询历史数据报表

附 录 A

（规范性附录）

系统功能与技术性能验收内容选择依据

系统功能与技术性能验收内容选择依据见表 A.1。

表 A.1 系统功能与技术性能验收内容选择依据

项次	检查项目		技 术 要 求	备 注 说 明
1	太阳光伏组件	安装角度	按 CECS 84 附录 B	按 CECS 84 附录 B
2		绝缘电阻	≥50MΩ/500V	按 GB/T 9535
3		△开路电压	≥DC 20.2V（额定电压 12V）；≥DC 39.2V（额定电压 24V）	根据生产厂家的产品技术数据
4	风力发电机	风向调节功能	能根据风向信号进行自动对风调向	按 GB/T 25382
		制动功能	制动后风轮停止转动或缓慢转动	按 GB/T 25382
5	蓄电池	单节蓄电池开路电压	单节 12V 蓄电池开路电压≥12.6V	根据生产厂家的产品技术数据
			单节 2V 蓄电池开路电压≥2.1V	根据生产厂家的产品技术数据
		△蓄电池组额定输出电压	DC 12V（额定电压 12V）；DC 24V（额定电压 24V）	根据生产厂家的产品技术数据
6	风光互补控制器	△断电恢复功能	控制器应能自动恢复负载供电到开始关断前的状态	根据内蒙古包茂高速公路和呼集老高速公路风光互补供电系统设计文件、合同文件,结合生产厂家的产品技术数据而拟定
		△PWM 调制	在输入电压变化时,输出电压能自动稳定在设定电压值	
		卸荷检查	控制器应有卸荷功能	
		显示功能	应能显示太阳光伏组件、风力发电机组的输入电压/电流;蓄电池组电压和放电电流;蓄电池过、欠压报警;各种阀值报警	
		△监控功能	应能实时监视供电系统各组件的工作状态;采集和存储供电系统运行数据	根据内蒙古包茂高速公路和呼集老高速公路风光互补供电系统设计文件、合同文件,结合生产厂家产品技术数据拟定
			能按照管理软件的命令对供电系统进行控制	按 YD/T 1669,结合生产厂家的产品技术数据而拟定
			可独立控制监控设备传输设备及加热设备,在电量降低到某一值时,可不对监控设备供电,优先保证传输设备正常工作	按 YD/T 1669,结合生产厂家的产品技术数据而拟定

表 A.1（续）

项次	检查项目		技术要求	备注说明
6	风光互补控制器	△短路保护	控制器应有短路保护功能	按 YD/8T 1669,结合生产厂家的产品技术数据而拟定
		反向放电保护	有防止蓄电池通过太阳光伏组件反向放电的保护功能	按 GB/T 19064
		过、欠电压保护	当蓄电池电压值达到过电压设定值时,能关闭太阳光伏及风力发电机输入;当蓄电池电压值达到欠电压设定值时,能关闭负载。当蓄电池电压值恢复到电压设定值时,控制器能自动恢复工作	按 GB/T 19064
		充电回路压降	不超过其输出端电压的3%	按 GB/T 25382
		△防雷接地电阻	≤10Ω	按 GB/T 25382
		安全接地电阻	≤4Ω	按 GB/T 25382
7	管理软件	实时显示功能	软件系统可以实时显示联网中多个风光互补供电点的太阳光伏组件电压/电流、风力发电机组电压/电流、蓄电池电压、蓄电池放电电流、负载电流等参数	根据内蒙古包茂高速公路和呼集老高速公路风光互补供电系统设计文件、合同文件,结合生产厂家的产品功能而拟定
		△远程设置	可远程查看和设置供电系统中的各个站点的参数,如每个站点的蓄电池容量、恢复提升电压、过放电压、恢复过放电压、浮充电压、温度补偿系数、报警阀值等	
		故障情况报警	监控网络中各个站点的报警可以从异常报警界面中实时查看,当某个站点中有蓄电池或负载异常报警时,相对应项下面的指示灯就会由绿色变为红色快速闪烁,当异常排除后报警自动解除,报警事件的具体情况会被记录在数据库中	
		附属功能	正确地统计、查询、打印命令指示、设备状况、系统故障数据	

ISBN 978-7-114-13789-1

定价：40.00元

Q/CRCC

中国铁建股份有限公司企业标准

P

Q/CRCC 12503—2024

邻近铁路营业线工程智慧监测
技术规程

Technical Specification for Intelligent Monitoring of Adjacent Railway
Business Line Projects

2024-12-11 发布

2025-05-01 实施

中国铁建股份有限公司 发布